AF555813

AFRIQUE DU NORD

ALGÉRIE — TUNISIE

1897

Par A. Peron.

Nous avons eu, en 1897, dans le Bulletin de la Société géologique de France, le compte rendu détaillé de la réunion extraordinaire que cette Société a tenue en Algérie, au mois d'octobre 1895. En rendant compte, l'an dernier, dans l'Annuaire, des travaux publiés sur l'Algérie, en 1896, nous avons eu déjà l'occasion de parler de cette réunion extraordinaire.

C'est là pour notre colonie un gros événement scientifique qui a donné une vigoureuse impulsion aux recherches géologiques qu'on y poursuit et qui sera le point de départ et l'origine de bien des progrès dans la connaissance du sol de l'Afrique du Nord.

Nous n'avons, en principe, à retenir ici que les observations originales, les découvertes et les diverses communications faites au cours de la session, mais il ne nous est pas possible cependant de passer complètement sous silence l'organisation et la composition de la réunion.

C'est le 7 octobre, à Alger-Mustapha, dans l'une des salles de l'Ecole supérieure, que la session a été ouverte par M. Marcel Bertrand, ancien président de la Société. M. Ficheur, professeur de géologie à l'Ecole des Sciences et organisateur de la réunion, a été nommé président de la session. Vingt-six membres de la Société et un bon nombre de personnes étrangères ont pris une part plus ou moins grande aux travaux et aux excursions.

Dans son allocution présidentielle (534), M. Ficheur a fait connaître sommairement la situation générale au point de vue des connaissances acquises jusqu'ici et rappelé le programme qu'il a élaboré, lequel permettra aux membres de la réunion, non-seulement d'étudier un grand nombre de questions intéressantes, mais de visiter les régions les plus diverses et les plus attrayantes de l'Algérie.

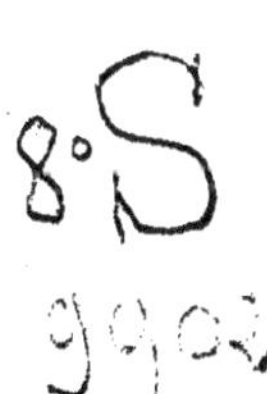

Ce vaste programme, en effet, comportait d'abord l'étude des terrains du Sahel d'Alger, du massif de Blida, du bassin tertiaire de Médéa, etc., puis une longue excursion à travers la Kabylie et les montagnes du Djurjura et enfin un voyage d'exploration du nord à l'extrême sud de la province de Constantine, depuis Bougie jusqu'à Biskra. Il y avait là matière aux études les plus variées et les spécialistes de toutes sortes devaient y trouver satisfaction chacun à son tour.

Dans la première séance de la réunion, M. Brive, qui avait organisé une excursion facultative préalable, dans la vallée du Chélif, a rendu compte de cette excursion (526). Accompagné de quelques-uns des membres de la Société, il a visité les gisements helvétiens et sahéliens des bords du Chélif. En ces points on ne peut faire d'études de détail, mais on peut juger des grandes lignes et de la disposition des couches sur une grande longueur.

M. Brive (527) a également rendu compte d'une autre excursion faite dans les journées des 11 et 12 octobre à Bou-Medfa et dans le lit de l'Oued-Djer pour étudier les relations des étages cartennien et helvétien. Un riche gisement fossilifère cartennien qui existe dans cette localité, a fourni à M. Brive un fossile important, *Pereiræa Gervaisi*, non encore signalé en Algérie.

Les marnes de l'Helvétien inférieur, qui sont ici presque horizontales, reposent sur la tranche des grès cartenniens dont les strates sont, au contraire, presque verticales.

Plus loin, vers Carnot, les excursionnistes ont pu voir un beau développement de l'Helvétien à *Ostrea crassissima*, lequel disparaît au sud sous les couches fossilifères du Sahélien. De ses études dans ces localités, M. Brive a conclu à une discordance entre ces couches helvétiennes et le Sahélien superposé. Le mauvais temps n'a pas permis aux excursionnistes de constater cette discordance.

La journée du 7 octobre a été consacrée à une excursion sur les coteaux de Mustapha (536) où, en même temps qu'elle a joui d'un magnifique panorama, la Société a observé les affleurements des couches cartenniennes, sahéliennnes et pliocènes.

Dans celle du 8 octobre (537), on a visité le Bouzaréa, Bir-Traria, le ravin d'El Biar, Birkadem, etc.

Le 9 octobre (538), on a achevé l'exploration des environs d'Alger par une excursion à Dely-Ibrahim, Douéra, Bouffarik, etc.

M. Ficheur, chargé du compte rendu de ces diverses excursions, a résumé les observations faites par la Société et montré dans de nombreux croquis insérés au bulletin, la disposition des divers étages du Tertiaire supérieur et leurs relations stratigraphiques. Il a reproduit les points principaux des intéressantes discussions qui ont eu lieu sur le terrain, notamment au sujet de la manière dont s'effectue le passage des marnes cartenniennes et des marnes dites sahéliennes aux assises mollassiques pliocènes.

A la suite de ces comptes rendus, M. von Zittel (587) a donné une note sur les foraminifères très abondants qui ont été recueillis, pendant l'excursion du 9 octobre, dans la mollasse d'Hydra. Le savant professeur cite treize espèces distinctes qui ont pu être déterminées et donne la description et la figure de trois espèces du genre *Amphistegina* qui est le genre dominant de cette petite faune. Ces trois espèces sont les *A. Lessoni* d'Orbigny, *A. Haueri* d'Orb., et *A. rugosa* d'Orb. Tous ces foraminifères existent dans les terrains miocènes et pliocènes de l'Autriche (bassin tertiaire de Vienne), de l'Italie, de la France, etc.

Les précédentes communications de M. Ficheur ont été complétées par lui dans une note insérée au bulletin sous le titre : *Aperçu sommaire sur les terrains néogènes du Sahel d'Alger* (539).

L'auteur y donne, d'après ses propres observations, une description des couches cartenniennes, sahéliennes et pliocènes de cette région. Il y combat la manière de voir émise par M. Welsch au sujet de l'attribution et de la division de ces diverses couches et maintient, notamment, l'âge miocène supérieur, ou sahélien, des marnes bleues sans fossiles qui forment le substratum des marnes fossilifères plaisanciennes.

En ce qui concerne le terrain pliocène inférieur, M. Ficheur y reconnaît quatre faciès différents qui passent de l'un à l'autre. Tout cet ensemble ne constitue qu'un seul et même étage, le Plaisancien-Astien, et l'auteur ne peut s'expliquer pourquoi la mollasse a été attribuée exclusivement à l'étage astien et pourquoi deux étages ont été distingués dans cette masse du Pliocène inférieur.

Un mémoire plus considérable et plus important a encore été

publié par M. Ficheur dans le Bulletin à la suite du précédent. Il est entièrement consacré à l'étude des plissements constatés par l'auteur dans le massif montagneux de Blida (540).

Après un aperçu géographique et une étude sur la stratigraphie des nombreux terrains qui se montrent dans ce massif, M. Ficheur examine en détail la structure et la tectonique de chacun des versants de l'Atlas de Blida, de ses contreforts et des massifs partiels des Beni-Messaoud et des Beni-Miscera. Ces descriptions, très détaillées, sont illustrées de nombreux croquis et coupes qui montrent les relations des diverses assises et expliquent ces relations par l'indication des plissements qui ont dû se produire.

De cet exposé il résulte que les zones de plissements affectent une disposition en éventail autour d'un axe principal qui est formé par la crête de Blida et autour d'un axe secondaire des Beni-Messaoud. De chaque côté de ces axes, les plis sont déversés en sens contraire, étirés et couchés vers la plaine.

De la disposition relative des deux étages miocènes, le Cartennien et l'Helvétien, M. Ficheur a pu conclure que la dernière période de plissements intenses a suivi la fin des dépôts du Cartennien et a précédé l'Helvétien. Il distingue, en outre, au moins deux phases principales dans les phénomènes de renversement du massif de Blida, la première antérieure à la période supra-nummulitique, la deuxième comprise entre le Miocène inférieur et le Miocène moyen.

A la suite de cette communication, M. Ficheur a donné encore une note sur le bassin tertiaire de Médéa (541) qui est compris entre le massif de Blida et la chaîne crétacée de Berrouaghia. Cette formation tertiaire comprend : 1° l'étage oligocène qui se divise lui-même en Tongrien et Aquitanien et, 2° l'étage miocène qui est représenté par les grès à échinides, les marno-calcaires de Mouzaïa-les-Mines et par le groupe helvétien, marnes et grès à *Ostrea crassissima*, etc.

La journée du 10 octobre a été employée par la Société géologique à une excursion de Blida à Médéa, par les gorges de la Chiffa et le Camp des Chênes (542).

A la séance qui a eu lieu le 12 octobre, à Blida, M. Ficheur a rendu compte de cette excursion. Il rappelle les discussions qui se sont produites au sujet de l'attribution aux étages cénomanien ou sénonien de ces diverses marnes, feuilletées, sans fossiles, qu'on rencontre dans la Chiffa, puis au sujet des pointements de gypse éruptif que l'on observe dans le Sénonien.

La Société s'accorde à reconnaître que l'on se trouve en présence de gypses amenés de la profondeur par des eaux chargées de sulfate de chaux.

Dans la même séance, M. Ficheur a rendu compte de l'excursion du 11 octobre dans le bassin tertiaire de Médéa (543), au sujet duquel une note a été préalablement communiquée. Dans cette belle excursion, où la Société, du haut du sommet de Ben-Chicao, a pu jouir d'une vue grandiose sur une région de plus de 250 kilomètres, de l'Est à l'Ouest, et de 150 kilomètres, du Sud au Nord, il a été fait d'intéressantes observations sur les divers étages tertiaires qui se développent dans ce bassin. Les membres de la Société ont pu aussi, près de l'ancien télégraphe, recueillir de beaux exemplaires d'*Ostrea crassissima*.

Enfin, un dernier compte rendu a encore été présenté par M. Ficheur dans cette même séance. C'est celui de l'excursion du 12 octobre aux environs de Blida (544).

Cette excursion, un peu contrariée par le mauvais temps, avait surtout pour but l'examen des plissements constatés par M. Ficheur dans ce massif.

A la suite du compte rendu, M. Marcel Bertrand reconnaît que la Société a pu voir avec une entière évidence les phénomènes de recouvrement signalés par M. Ficheur sur le versant nord de l'Atlas de Blida, mais, pour le versant sud, la Société ne peut prétendre avoir vérifié la coupe et son interprétation.

M. Bertrand pense, en outre, que l'on doit émettre quelque doute sur l'attribution du plissement de la chaîne à une date aussi précise que l'a indiqué M. Ficheur. L'existence d'un mouvement de premier ordre entre le Cartennien et l'Helvétien ne lui paraît pas absolument démontrée.

Après quelques nouvelles observations présentées à ce sujet par M. Ficheur pour justifier sa manière de voir, quelques explications sont échangées entre MM. Gentil et Flamand au sujet de l'origine métamorphique des gypses et de l'âge des gisements ophitiques de l'Algérie.

M. Gentil proteste contre l'intention qu'on lui a prêtée de vouloir atténuer le mérite des travaux de MM. Curie et Flamand et rend au contraire toute justice à ces beaux travaux.

M. Flamand fait ensuite une communication sur le gisement ophitique de Noisy-les-Bains et conteste l'âge miocène attribué à ce gisement par M. Gentil. Pour lui, l'éruption serait de l'époque pliocène inférieure.

Cette manière de voir est combattue par M. Gentil qui apporte de nouveaux arguments en faveur de l'âge miocène des ophites de Noisy-les-Bains.

Enfin dans cette même séance on donne connaissance d'une note de M. Tardy (583) sur la montagne de sel d'El-Outaïa. Dans cette note, l'auteur engage les excursionnistes à visiter cette curieuse montagne et donne les renseignements pratiques pour faciliter cette visite. Pour lui la montagne de sel est forcément de la fin du Tertiaire, d'après les assises au milieu desquelles elle se trouve.

Dans la séance du 17 octobre 1896, qui a eu lieu à Tizi-Ouzou, M. Ficheur (545 à 549) a rendu compte des excursions faites par la Société dans les journées du 13 au 17 octobre.

La première, qui a été volontairement écourtée, a eu lieu encore sur le versant nord du massif de Blida, de Blida à Alger par Souma et Boufarik. On y a observé les relations de divers étages du Crétacé supérieur. Leur superposition anormale est indiscutable, mais l'attribution des diverses assises reste indécise en raison de l'insuffisance de leurs caractères distinctifs.

L'excursion du 14 octobre a eu lieu de Ménerville à Palestro. Bien que contrariée par la pluie, elle a permis à la Société d'observer la succession des assises de l'Oligocène et de l'Eocène. La traversée des gorges de l'Isser, dont M. Ficheur reproduit la curieuse coupe dans son compte rendu, montre notamment la série puissante des calcaires, des marnes et des poudingues, de la formation nummulitique.

Le 15 octobre, la Société, qui avait couché à Bouïra, s'est mise en route à dos de mulet pour explorer le Djurjura occidental en passant par Tizi-Djaboub et les villages des Beni-Kouffi où une diffa à la mode kabyle a été servie pour le déjeuner.

Dans l'après-midi, la Société a examiné les calcaires liasiques du

Djurjura, dans lesquels MM. Zittel et Bertrand ont retrouvé une analogie frappante avec les calcaires rouges ammonitifères du Lias alpin, puis les calcaires à nummulites des divers niveaux étudiés par M. Ficheur et, enfin, une formation assez considérable de blocs de calcaire et de poudingues, qui a été considérée par certains auteurs comme une formation glaciaire mais qui semble n'être qu'un cône de déjection torrentielle.

Dans la journée suivante, la Société a parcouru la Kabylie, d'Aïn-Sultan à Dra-el-Mizan, Tizi-Renif, Chabet-el-Ameur, Isserville et enfin Bordj-Menaïel, où elle a couché.

Dans cette longue excursion, les observations ont été forcément un peu trop rapides. C'est principalement le terrain tertiaire de la vallée de Dra-el-Mizan qui était l'objet des études de la journée. Les environs du col de Tizi-Renif fournissent une très intéressante coupe, montrant les relations des étages éocène, oligocène et miocène. M. Ficheur a reproduit cette coupe dans son compte rendu.

Une carrière ouverte à Tizi-Renif dans les grès du Miocène inférieur (Cartennien) montre un niveau remarquable d'Echinides, principalement d'*Amphiope*.

La montée du Chabet-el-Ameur montre la superposition des poudingues rouges cartenniens sur les argiles numidiennes et celle des argiles helvétiennes sur les formations tertiaires inférieures, ce qui montre l'indépendance de l'étage helvétien.

Un peu plus loin, au Coudiat-bou-Chakor, dans des bancs de grès redressés, M. Depéret a rencontré une molaire inférieure de *Mastodon angustidens* Cuv., semblable à celles du Burdigalien supérieur.

Le 17 octobre, la Société a fait, dans la vallée de Sebaou, une excursion de Bordj-Menaïel au Camp du Maréchal et le compte rendu de cette course a encore été donné par M. Ficheur.

La Société a examiné, d'abord, les marnes sahéliennes, très pauvres en fossiles en Kabylie, et dont l'âge miocène n'a pu être précisé par les quelques espèces rencontrées. Leur faciès a été reconnu identique à celui des marnes du Sahel.

Au Camp du Maréchal, dans les carrières de grès cartennien, de nombreux échinides et en particulier des *Clypeaster* (*C. intermedius*, *C. subfolium*, *C. disculus*, etc.) ont été rencontrés. Plus loin, on observe les marnes cartenniennes fossilifères avec *Megasiphonia aturi* qui présentent ici, comme nous l'avons observé sur bien d'autres points, une grande analogie de faciès avec les marnes langhiennes.

Enfin, aux environs de Tizi-Ouzou, dont M. Ficheur a donné, dans son mémoire sur la Kabylie, une coupe qu'il a reproduite au bulletin et qui diffère de celle que nous avons jadis publiée nous même par l'indication d'une faille que nous n'avons pas vue et par l'attribution à l'étage sahélien des marnes supérieures de la série, la Société a constaté la superposition directe du Miocène inférieur sur les schistes cristallins.

Après les explications fournies sur ces régions si variées par M. Ficheur, M. Depéret reconnaît toute la difficulté de leur classification et se borne à faire quelques réserves sur les attributions indiquées.

M. Marcel Bertrand présente ensuite quelques observations au sujet de la facilité avec laquelle on admet en Algérie les discordances entre les divers étages. Nous avons nous-même, à plusieurs reprises, formulé une observation semblable pour d'autres localités et d'autres étages. De nombreuses discordances ou transgressions sont seulement apparentes, illusoires et dues souvent à des mouvements postérieurs au dépôt des assises. Il paraît excessif de les considérer comme des preuves incontestables de lacune dans la sédimentation et d'indépendance des étages.

A la suite de ces comptes rendus et de ces discussions, nous trouvons dans le Bulletin de la Société géologique sous le titre de : *Réflexions au sujet des formations tertiaires d'Algérie visitées par la Société*, une note de M. Depéret (530) qui a un grand intérêt pour tous ceux qui ont suivi les discussions auxquelles a donné lieu en Algérie la classification de ces terrains.

En ce qui concerne l'Eocène moyen et supérieur pour lesquels M. Ficheur a admis cinq étages distincts, M. Depéret pense que quelques-unes des discordances angulaires sur lesquelles on a basé ces distinctions d'étages sont seulement apparentes et peuvent s'expliquer par des mouvements mécaniques.

Sans insister sur ces questions, M. Depéret signale la découverte, dans des couches attribuées par M. Ficheur au Lutétien inférieur, des *Dentalium castellanense* et *Potamides plicatus* qui caractérisent ailleurs, exclusivement, l'Eocène supérieur et jamais le Lutétien. Il y a là, au moins, une curieuse anomalie.

L'Oligocène a été observé : 1°. sous un faciès marin qui, d'après quelques fossiles recueillis à Beni Amran, présente une grande analogie avec les grès tongriens de l'Apennin ligure ; 2°. sous un faciès continental qui semble être un équivalent fluvio-terrestre de l'Aquitanien. Le Miocène inférieur, ou Cartennien de M. Pomel, comprend, à la base, des grès et poudingues à Echinides et à Pectinidés qui sont l'équivalent du premier étage méditerranéen de France, c'est-à-dire du Burdigalien, puis des marnes puissantes, semblables à celles du Langhien d'Italie.

Le Miocène moyen (Helvétien de M. Pomel), représenté surtout par les bancs à *Ostrea crassissima* et autres, est analogue à celui du bassin du Rhône. M. Depéret pense qu'il équivaut à l'ensemble du deuxième étage méditerranéen, ou Vindobonien, qui comprend l'Helvétien et le Tortonien de l'Europe méridionale.

Le Sahélien soulève des questions plus délicates. Pour M. Depéret, les couches typiques de cet étage, qui sont dans la vallée du Chélif, présentent un caractère plus récent que le Tortonien. Quant aux grès à *Helix* qui surmontent le Sahélien du Nord de Carnot et que M. Brive considère comme pliocènes, M. Depéret estime qu'il y aurait possibilité de les rattacher encore au Miocène supérieur (Pontien).

En ce qui concerne les marnes des environs d'Alger et de la Kabylie que M. Ficheur a rapportées au Sahélien, contrairement à l'opinion de MM. Welsch et Peron, M. Depéret n'a pas été convaincu par les explications données. Il constate que les marnes de Kabylie sont, stratigraphiquement, très différentes de celles de la vallée du Chélif, que les fossiles qu'on y a trouvés sont pliocènes et que, en conséquence, l'âge pliocène de ces marnes est vraisemblable. Sous le nom de marnes sahéliennes, on semble avoir réuni deux niveaux d'âge distinct, les marnes miocènes du Chélif et les marnes pliocènes de Kabylie.

Le Pliocène inférieur ou Plaisancien, est nettement représenté par l'horizon marneux de Douéra et Birtouta ; le Pliocène moyen ou Astien, par la mollasse jaune du Sahel d'Alger, mais les couches du Sahel, que les géologues algériens ont rapportées au Pliocène supérieur, ne paraissent pas, pour M. Depéret, répondre au Sicilien, comme on l'a pensé. Ces assises ne lui semblent être que la partie terminale de l'Astien.

M. Depéret examine ensuite la question des grandes discordances que les géologues d'Alger admettent, d'après les travaux de M. Pomel, entre chacun des étages miocènes. Sans vouloir nier absolument l'existence des phénomènes de ravinement entre ces étages, M. Depéret pense que les discordances entre eux sont aussi exceptionnelles en Algérie qu'en France et que la plupart de celles qui ont été signalées sont simplement la conséquence de phénomènes mécaniques.

En réponse aux observations de M. Depéret, M. Ficheur maintient que la similitude est complète entre les marnes sahéliennes du Chélif et celles de la Kabylie et il exprime le regret que la course du Dahra n'ait pu se réaliser entièrement car elle aurait démontré la réalité des discordances entre les étages miocènes.

M. Blayac (523) fait ensuite une communication sur les terrains tertiaires de la vallée de l'Oued-Cherf (Constantine).

L'Eocène inférieur a, dans cette vallée, le même faciès qu'à Tebessa. Le Ligurien est représenté par son étage inférieur, les marnes et quartzites à fucoïdes.

L'Oligocène est le même que celui étudié dans la région de Constantine (marnes et calcaires à hélices dentées). L'Helvétien de cette région avait été mal classé. Enfin quelques lambeaux de calcaires à *Hélix* doivent être rapportés au Pliocène.

Dans cette dernière séance de la session extraordinaire, quelques communications ont encore été faites notamment par M. Gentil sur la relation des éruptions ophitiques avec certaines sources minérales d'Algérie (562), par M. Brive (527) sur un gisement de *Pereirea Gervaisi*, par M. Ficheur (551) sur la structure du Djurjura, etc. Mais ces communications sont seulement mentionnées au Bulletin.

M. von Zittel exprime en son nom personnel toute son admiration pour l'organisation parfaite des excursions et adresse de chauds remerciements à M. Ficheur.

C'est sur ces compliments qu'est close la session extraordinaire mais, en réalité, cette clôture n'a été prononcée que pour la forme.

Dès le lendemain la Société se remettait en voyage pour l'excursion à travers la Kabylie, de Tizi-Ouzou à Bougie.

M. Ficheur (550) qui a rendu compte de cette excursion supplémentaire, nous a donné dans le Bulletin une description très détaillée des régions pittoresques visitées par la Société.

La première journée, (18 octobre), a été employée à explorer la partie comprise entre Tizi-Ouzou et Michelet, par le Fort-National, Icheriden et Tizi-Oumalou.

Après avoir traversé la bande de terrain miocène du Sebaou, la Société a pénétré dans les terrains cristallophylliens où elle a rencontré les micaschistes avec leurs filons de granulite et de pegmatite, les calcaires marmoréens, les gneiss, etc. Le déjeuner a eu lieu au Fort-National et le coucher à Michelet, village situé à 1080 d'altitude, en face du massif de Lella-Kedidja, l'un des plus importants du Djurjura.

Le 19 octobre, malgré un temps médiocre, la Société a fait la traversée du Djurjura par le col de Tirourda et, descendant de là dans la vallée de l'Oued Sahel, elle est venue prendre à Tazmalt le chemin de fer de Bougie.

La montée du col par Tizi-N'Djema, l'Azerou-Tidjer et l'Azerou-N'Tirourda présente une coupe des plus intéressantes. M. Ficheur, qui a reproduit cette coupe, explique à la Société l'interprétation qu'il en a donnée dans son mémoire sur le Djurjura.

La série des couches que l'on traverse à la montée de Tirourda comprend essentiellement deux grands massifs de calcaires redressés jusqu'à la verticale, entre lesquels est intercalée une puissante assise de grès rouges et de schistes argileux noirâtres. Les calcaires forment les deux sommets d'Azerou-Tidjer et d'Azerou N' Tirourda et les grès et schistes, en bancs également redressés, occupent la dépression qui sépare ces deux sommets.

M. Ficheur, contrairement aux idées émises antérieurement par Nicaise, voit, dans chacun des deux massifs calcaires, un pli anticlinal des couches liasiques et dans les grès et schistes intermédiaires, sans fossiles, une assise superposée au Lias et appartenant au Jurassique supérieur.

Plusieurs membres de la société n'ont pu admettre l'interprétation de M. Ficheur. M. Marcel Bertrand, de même que M. Zittel, constate que les assises de schistes noirâtres, avec lits de poudingues, etc.,ont la plus grande analogie de faciès avec les terrains houillers; que les grès rouges qui les surmontent semblent être triasiques et qu'en résumé, la coupe de Tirourda leur paraît pouvoir être interprétée par un noyau anticlinal de terrain ancien avec synclinaux liasiques.

Indépendamment de la discussion qui a eu lieu à ce sujet, sur le terrain même, M. Bertrand, après la course, a développé ses observations et objections dans une note qui est insérée au Bulletin. M. Ficheur a répondu à ces objections et exprimé le regret de ne pouvoir faire avec ses confrères, dans le Djurjura, des excursions plus étendues qui lui auraient permis de les convaincre.

En outre, le savant président de la session a fait insérer au Bulletin une note sur les terrains secondaires du Djurjura dans laquelle il présente les faits stratigraphiques les plus concluants en faveur de son opinion.

Dans les masses calcaires, plusieurs horizons du Lias ont été reconnus ; le centre est formé par le Lias moyen et le reste par le Lias supérieur, bien caractérisé par de nombreux fossiles, recueillis principalement au Djebel Tachgagalt.

Quant aux grès rouges et schistes noirs dont le faciès évoque, en effet, complètement, l'idée d'une formation ancienne, ces assises étant dépourvues de fossiles, la détermination de leur âge repose uniquement sur leurs relations stratigraphiques avec les diverses couches du Lias. Ainsi ces grès rouges sont parfois compris entre deux bandes de Lias supérieur formant un synclinal ; parfois ils sont intercalés entre le Lias et le terrain éocène ; jamais M. Ficheur ne les a vus intercalés entre les schistes cristallins et le Lias.

A ce sujet nous devons faire observer que Coquand a autrefois rapporté au Trias un puissant ensemble de schistes noirâtres, de grès et de marnes multicolores qu'il a observé dans plusieurs montagnes du Nord de la Province de Constantine et qui se trouvait interstratifié entre les schistes cristallins et les calcaires du Lias.

Cet ensemble de couches rapportées au Trias semble avoir une grande analogie avec les couches de Tirourda.

La communication que nous lisons ensuite au Bulletin est le compte rendu par M. Ficheur (552-553) des opérations de la Société géologique du 20 au 27 octobre dans la province de Constantine.

Le premier jour (20 octobre) a été consacré à une course rapide, dans la matinée, aux environs de Bougie, et dans l'après-midi au transport en chemin de fer de Bougie à Constantine.

Près de Bougie, les excursionnistes ont observé le Sénonien marno-calcaire avec des bancs de poudingues et des accumulations locales de cailloux roulés du Lias qui indiquent un dépôt littoral ; puis le Cénomanien avec des poudingues semblables et, sous ces couches, les calcaires du Lias supérieur et du Lias moyen. Vers la baie de Sidi-Yahia ces derniers calcaires sont repliés en anticlinal déversé au sud sur le Crétacé.

Le voyage en chemin de fer par Beni-Mansour, les Portes de

fer, Mansourah, etc., a permis à la Société non seulement d'embrasser le panorama du Djurjura mais d'observer les allures des calcaires cénomaniens des Bibans qui forment une des lignes orographiques les plus nettement dessinées du Tell algérien, puis les marno-calcaires si ingrats du Sénonien et enfin diverses assises de l'Eocène et, en particulier, ces grès du Suessonien auxquels M. Ficheur a donné le nom d'étage medjanien.

La matinée du 21 octobre a été employée à la visite des environs de Constantine et du ravin du Rummel où la Société a pu examiner la masse puissante des calcaires cénomaniens et turoniens surmontés par les marnes foncées du Sénonien. Dans l'après-midi, on a visité le Djebel Ouach, à l'est de Constantine, où les marnes infracrétacées fossilifères sont visibles dans les ravins de la base de la montagne. C'est là le gisement bien connu de ces ammonites pyriteuses qui ont été décrites par Coquand et par M. Sayn et dont les excursionnistes ont pu faire une récolte assez intéressante.

M. Sayn (582) a fait suivre le compte rendu de l'excursion d'une note sur le Néocomien du Djebel Ouach dans laquelle il donne la succession des assises et l'énumération des nombreuses ammonites qui y ont été recueillies.

Cette succession comporte des marnes noirâtres et des schistes noirs, puis des marnes plus claires dont la partie supérieure seule est fossilifère.

Il résulte de l'examen de cette faune d'ammonites que ces assises du Djebel Ouach sont entièrement comparables au Barrémien du Midi de la France, comme il a été établi dans des travaux précédents.

Cet horizon barrémien paraît être, d'ailleurs, assez répandu en Algérie et M. Blayac en a signalé récemment des gisements nombreux.

Le 22 octobre, la Société a poursuivi l'étude des environs de Constantine par la route de la Corniche, le Hamma et la route de Sétif. Cette excursion a permis d'examiner les calcaires qui forment la base du rocher de Constantine. On y a observé un banc rempli de foraminifères et un banc renfermant de nombreuses Caprines parmi lesquels M. Zittel a reconnu une forme voisine de *Caprina communis* du Cénomanien supérieur de la Sicile.

Au-dessus et plus loin, on a observé le contact par faille des calcaires cénomaniens avec les marnes noires du Sénonien, et au-dessus de ce Sénonien, la superposition des poudingues rouges oligocènes, puissants de 150 mètres. On a également rencontré des lambeaux de travertins dont l'âge n'a pu être déterminé et ne le sera que quand les empreintes végétales nombreuses qu'ils renferment auront pu être étudiées.

La journée s'est terminée par l'exploration des argiles gypseuses à *Helix* du polygone, gisement bien connu, dont l'âge est attribué par M. Ficheur à l'Oligocène, et, enfin, par une visite au gisement de vertébrés signalé par M. Philippe Thomas vers le télégraphe d'El-Hadj-Baba.

Le 23 octobre, la Société s'est transportée en chemin de fer de Constantine à Batna. Pendant l'après-midi de cette journée, elle a exploré les collines cénomaniennes et turoniennes de Bou-Zoran et la dépression d'Aïn-Assab sur le chemin des Achèches. Ces gisements bien connus ont fourni aux excursionnistes une ample récolte de fossiles.

Une excursion, plus importante au point de vue des résultats obtenus, a été faite par la Société au Djebel Tougourt, dans la journée du 24 octobre. Malgré le mauvais temps qui a dû faire abandonner une partie du programme et notamment l'ascension aux crêtes du Chellala, la journée a été fructueuse.

Pénétrant dans le massif du Tougourt par le Ravin Bleu, la Société a suivi cette puissante série de couches dont la coupe a été donnée déjà par divers auteurs avec des interprétations diverses.

L'heureuse découverte de quelques fossiles caractéristiques, qui ont été reconnus par M. Zittel, a permis de préciser l'interprétation de certaines portions de cette coupe.

Ainsi, la masse des calcaires dolomitiques qui forment l'arête du Bou-Merzoug et du Djebel Kasrou et qui étaient considérés comme les représentants du Dogger, doivent être attribués au Lias moyen et supérieur.

C'est là une constatation importante, car ces derniers horizons n'avaient pas été signalés dans le massif de Batna non plus que dans celui du Bou-Thaleb.

Au-dessus de ces calcaires liasiques on a reconnu des représentants du Bajocien et du Bathonien, puis l'Oxfordien représenté par des calcaires rouges à silex riches en fossiles argoviens. Les nombreuses espèces qui ont été recueillies indiquent le niveau à *Ammonites transversarius* et *A. bimammatus*.

Les assises qui surmontent les calcaires rouges à Ammonites

sont des calcaires et des marnes gris qui ont fourni *Lytoceras serum*, *Aptychus punctatus*, *Terebratula diphya*, etc., et qui ont le même faciès que ceux du Dauphiné.

Au-dessus, des calcaires gris sublithographiques ont fourni *Metaporhinus convexus* et représentent les calcaires à *Terebratula janitor* que nous avons signalés dans le Bou-Thaleb. Enfin, au-dessus encore, dans des calcaires marneux qui n'avaient pas fourni de fossiles à la Société, M. Leenhardt en a cependant signalé quelques-uns qui lui ont permis de paralléliser cette zone avec les couches de Berrias, ce qui confirme l'opinion que nous avions émise nous-même précédemment pour les couches correspondantes du Bou-Thaleb.

Ces calcaires marneux sont le dernier terme de la série jurassique. Au-dessus viennent les argiles néocomiennes, puissantes de 250 mètres, puis les calcaires du Néocomien moyen et les calcaires rhodaniens à Orbitolines et Requiénies.

Dans la journée du 25 octobre, la Société s'est transportée, par le chemin de fer, de Batna à El-Kantara et, dans celle du 26, d'El Kantara à Biskra. Toutefois, la matinée de cette dernière journée a été consacrée à une excursion dans les terrains sénoniens qui s'étendent d'El Kantara aux Tamarins. Ces gisements si fossilifères ont fourni une abondante récolte aux excursionnistes. Parmi les espèces, non connues encore, qui ont été recueillies, nous devons signaler *Inoceramus salisburgensis* Fuchs, de la craie de Salzbourg que M. Zittel a pu reconnaître.

Après cette excursion au nord d'El Kantara, la Société a traversé la gorge et examiné les calcaires qui forment cette gorge. M. Zittel a exprimé l'opinion qu'ils représentaient la partie la plus élevée du Crétacé, c'est-à-dire les couches à *Ostrea Overwegi*. Nous ne pouvons personnellement nous rallier complètement à cette manière de voir.

Ces calcaires, à notre avis, se montreraient encore recouverts par d'autres assises crétacées si leur flanc sud n'était pas masqué par des terrains plus récents.

Le 27 octobre, les membres de la Société se sont divisés en plusieurs groupes. Tandis que le plus grand nombre visitaient l'oasis de Biskra, Sidi Okba, etc., quelques membres, sous la direction de M. Ficheur, ont fait une excursion à la montagne de sel d'El-Outaïa.

Après avoir examiné les divers terrains relevés sur le pourtour de la masse de gypse et de sel gemme qui forme le noyau central, M. Bertrand a émis l'opinion que cette masse gypso-saline est sédimentaire.

Avec cette journée du 27 octobre, a pris fin l'excursion complémentaire de la réunion d'Algérie.

Il nous reste cependant à mentionner une communication, très sommaire mais fort intéressante, que M. Bertrand (522) a envoyée après la session.

Dans une excursion faite par lui et quelques autres membres, sous la conduite de M. Goux, au Djebel Chettabah, près Constantine, où ce dernier avait recueilli des Myophories, M. Bertrand a constaté l'existence d'un Trias bien stratifié et identique à celui de Provence.

Ce terrain comprend des calcaires dolomitiques jaunes de miel, analogues aux bancs qui surmontent le grès bigarré, puis les calcaires noirs du Muschelkalk entremêlés de cargneules et enfin au-dessus, les argiles bariolées avec gypse.

Ce Trias étant ainsi reconnu et déterminé sans conteste, M. Bertrand en a reconnu encore de nombreux autres affleurements qui forment des bandes distinctes, l'une avant Guelma, la seconde à Laverdure et une troisième à Souk-Ahras.

En raison du faciès des calcaires intercalés, M. Bertrand considère la montagne de sel d'El-Outaïa comme certainement triasique et il n'hésite pas à étendre une conclusion semblable aux autres montagnes de sel ainsi qu'à la majeure partie des pointements gypseux de l'Algérie.

En ce qui concerne les rochers de sel du Sud algérien, nous devons rappeler que nous avons toujours considéré comme probable et prochaine la découverte, autour de ces gisements, de traces des formations triasiques salifériennes, mais nous n'avons pas la même manière de voir au sujet des amas de gypse non stratifiés du Nord de l'Algérie. En ce qui concerne la formation triasique du Djebel Chettabah, nous rappellerons, ici encore, ce que nous avons dit plus haut, au sujet des formations triasiques signalées par Coquand dans tout le Nord de la province de Constantine.

Comme suite à la précédente communication, M. Marcel Bertrand (521) a fait connaître à la Société géologique, le 7 décembre 1896, la détermination attribuée par M. Zittel aux Myophories recueillies en Algérie. C'est le *Myophoria vulgaris* du Wellenkalk.

M. Bertrand ajoute que les bandes qu'il attribue au Trias, sur la route de Tunis, ne sont pas les terrains attribués à l'Urgonien par MM. Ficheur et Blayac, mais bien ceux dont M. Pomel a attribué la production à des actions geysériennes.

Il nous reste encore, pour achever l'examen des travaux auxquels a donné lieu la réunion extraordinaire de la Société géologique en Algérie, à mentionner quelques notes présentées à cette Société après la publication du compte rendu sommaire de la réunion, mais à l'occasion de cette réunion.

La première est de M. Welsch (585), qui, le 18 janvier 1897, a rappelé que ses observations sur les terrains néogènes de l'Algérie étaient en grande partie adoptées et confirmées par M. Depéret dans ses *Réflexions sur les formations tertiaires de l'Algérie*.

En ce qui concerne, notamment, les marnes miocènes de la vallée du Chélif qui ont été affectées par des mouvements importants, elles se séparent nettement des marnes des environs d'Alger qui sont plaisanciennes.

Quant aux marnes, dites sahéliennes, de Kabylie, elles se relient certainement aux marnes d'Alger et sont, comme elles, pliocènes.

Enfin M. Welsch n'admet pas de discordance générale entre les divers termes du Miocène, mais seulement peut-être des discordances locales.

Cette note de M. Welsch a amené de la part de M. Ficheur une réplique insérée au Bulletin de 1897.

Sans insister sur le ton un peu vif de cette polémique, nous dirons seulement que l'auteur y proteste contre les conclusions de M. Welsch, qu'il trouve trop hâtives et trop autoritaires.

Une autre note, également insérée aux comptes rendus sommaires de la Société géologique, a été communiquée par M. Leenhardt (568) qui, plus heureux que les excursionnistes réunis dans le ravin bleu de Batna, a pu recueillir, sur un point de ce ravin, quelques fossiles qui démontrent l'existence, au-dessus du tithonique de cette région, d'une zone caractérisée par *Hoplites Malbosi*, *H. occitanicus*, *Lytoceras* cf. *Juilleti*.

C'est là une faune bien typique du Berriasien et l'équivalent de la zone à *Hoplites Boissieri*.

Nous avons vu déjà plus haut que, dans le compte rendu définitif des excursions de la Société aux environs de Batna, M. Ficheur avait ajouté une annotation pour faire mention de la découverte faite antérieurement par M. Leenhardt.

Nous avons également vu dans le compte rendu de l'excursion dans la grande Kabylie que M. Depéret avait recueilli, au sein des grès du Miocène inférieur de cette région, une dent du *Mastodon angustidens* Cuvier. Notre savant confrère dans une note présentée, le 17 mai 1897, à la Société géologique (531), a donné des détails sur cette découverte et développé des considérations à ce sujet.

Après avoir fait l'historique des rares découvertes de débris de Mastodonte en Afrique, M. Depéret donne la description et des figures de la dent qu'il a trouvée prés d'Isserville.

Cette dent doit être, sans hésitation, rapportée au *M. angustidens*, mais, en raison de ses caractères un peu spéciaux, M. Depéret propose de considérer ce Mastodonte de la Kabylie comme une race ancestrale du *M. angustidens* sous le nom de *mut. pygmæus.*

Un mémoire important qu'il faut considérer encore comme résultant des observations et des communications faites pendant la réunion extraordinaire de la Société géologique en Algérie, est celui que MM. Blayac et Gentil (525) ont publié dans le Bulletin de cette Société, le 14 juin 1896, sur *le Trias dans la région de Souk-Ahras.*

On se rappelle, en effet, que, après sa visite au Djebel Chettabah, M. Marcel Bertrand a attribué au Trias les couches de cette montagne où des Myophories ont été découvertes et a signalé les terrains gypseux des environs de Souk-Ahras comme étant tout-à-fait semblables. Comme suite, le service de la carte géologique d'Algérie a chargé MM. Blayac et Gentil de faire des recherches à ce sujet et c'est le résultat de ces recherches que les auteurs nous ont fait connaître.

Quatre lambeaux de ces terrains gypseux ont été étudiés, à Souk-Ahras, à Laverdure, au Djebel Tifech et au Djebel Zouabi.

Dans toutes ces localités, le terrain en question se présente avec des caractères identiques. Ce sont des masses de marnes bariolées avec cristaux de quartz, gypses, cargneules, etc., sans stratification. Quelques bancs de calcaire bleuâtre se montrent parfois dans ce magma gypseux. Les fossiles y sont très rares et en mauvais état. M. Munier-Chalmas a pu cependant reconnaître dans l'un d'eux *Mytilus psilonoti* Quenstedt de l'Infra-lias.

Une roche ophitique éruptive se montre sur certains points et a traversé au moins une partie du terrain gypseux mais l'âge réel de ce filon éruptif n'a pu être établi avec précision. Quelques minerais de cuivre, malachite et azurite, accompagnent l'ophite.

D'autre part, la roche éruptive que Coquand avait signalée dans cette région et décrite sous le nom de spilite n'est, d'après les auteurs, qu'un banc de grès glauconieux intercalé dans l'Eocène. Ce banc contient même quelques fossiles.

Le terrain gypseux forme le *substratum* de tous les autres terrains de la région. L'étage le plus ancien qui lui est superposé est le Sénonien à Inocérames. On y observe en outre l'Eocène inférieur, l'Eocène supérieur (Grès medjaniens) et quelques lambeaux de Pliocène.

MM. Blayac et Gentil ont pu conclure de leurs études que tous ces terrains gypseux des environs de Souk-Ahras appartiennent comme celui du Chettabah à l'étage triasique auquel, sur quelques points, l'Infralias pourrait être associé.

Comme question se rattachant encore au même ordre de faits, nous mentionnerons ici, quoiqu'elle ne date que du mois de décembre 1897, une communication que M. Blayac a faite à la Société géologique sur : Les lacs salés des hauts plateaux de l'Est constantinois et l'origine de leur salure (590).

L'auteur annonçant que, dans une note destinée au Bulletin, il donnera des détails sur ces questions, nous attendrons la publication de cette note pour l'analyser. Il nous suffit de dire aujourd'hui que, d'après M. Blayac, ces lacs doivent leur salure au lavage d'affleurements d'un terrain gypso-salin, très analogue au terrain triasique du Chettabah et de Souk-Ahras.

Une note présentée à la Société géologique par M. Douvillé (532) le 18 janvier 1897, nous fait connaître que le capitaine Flick a découvert dans les environs d'Inkermann, au sud du Chélif, une intéressante série de fossiles tertiaires qui ne lui paraît pas encore avoir été signalée en Algérie. La coupe des assises miocènes de cette région a été déjà donnée par M. Welsch. C'est dans une couche de grès bruns, à l'altitude de 375 mètres, non loin du Marabout, que M. Flick a rencontré une faune très riche, bien conservée et d'un caractère nettement helvétien. Avec les espèces principales, *Cardita Jouanetti*, *Cardium Darwini*, *Tudicla rusticula*, *Pirula condita*, *Ancillaria glandiformis*, etc., a été trouvé un échantillon bien caractérisé d'*Helix desoudiniana*. C'est un nouveau gisement de ces curieuses hélices dentées signalées d'abord à Constantine.

A la suite de cette communication, M. Repelin (580) a adressé, le 15 février 1897, des observations en réponse à la note de M. Douvillé.

Il rappelle que, dans sa thèse, il a déjà signalé les divers gisements dont parle M. Douvillé et qu'il y a recueilli la plupart des fossiles rencontrés par M. Flick. Contrairement à l'opinion de M. Douvillé, il considère cette faune comme tortoniennne.

Quant à l'*Helix desoudiniana*, M. Repelin l'a déjà signalé aussi dans cette localité et c'est à M. Douvillé lui-même qu'il doit la détermination de ses échantillons. La présence des Helix dentées dans le Miocène marin d'Algérie n'est donc pas un fait nouveau.

Dans une courte réponse aux revendications de M. Repelin M. Douvillé s'est empressé de reconnaître qu'en effet il avait perdu de vue la communication qui lui a été faite d'*Helix desoudiniana* par M. Repelin. Toutefois, le savant professeur persiste à considérer comme helvétienne la faune recueillie par M. Flick, et M. Depéret est du même avis.

Le Bulletin de la Société géologique contient, dans sa livraison de février 1897, une note de M. J. B. Flamand sur la géologie du Sahara nord-occidental (559). L'auteur y fait connaître les résultats sommaires de son exploration dans cette région qui s'étend du Gourara au Méguiden et au Tademayt. Parmi les terrains reconnus il cite: 1°, des grès quartziteux rouges, sans fossiles, qui se montrent dans l'Erg et qui sont dévoniens ou permiens; 2°, des grès tendres, sans fossiles, qui doivent être urgoniens; 3°, un terrain cénomanien marneux avec gypses puissants et calcaires à *Ostrea flabellata* qui constitue toute la partie nord du Tademayt; 4°, un terrain de poudingues, de graviers et de sables, semblable à celui de Brézina que M. Pomel a attribué à l'Oligocène; 5°, enfin, des terrains quaternaires de différents âges, des dunes, des travertins et des roches éruptives à l'état de cailloux roulés dans le Quaternaire ancien.

Nous croyons devoir mentionner ici, quoiqu'elle ne concerne pas spécialement l'Afrique du Nord, une note de M. Gauthier intitulée: *Contribution à l'étude des Echinides fossiles*. L'auteur y décrit ou y discute, entre autres, divers oursins d'Algérie, les *Arbacina* Pomel et le *Guettaria Danglesi* Gauth., des environs de Mascara.

M. J. E. Lahache a publié dans la Revue scientifique (n° 14; 3 avril 1897) une note sur l'origine des eaux artésiennes de l'Oued R'hir (566). Contrairement à l'opinion émise autrefois par l'ingénieur Ville, l'auteur a la certitude que ces eaux ne viennent pas du Nord. Les cuvettes de l'Oued R'hir représentent pour lui, souterrainement, les lits des anciens fleuves, autrefois tributaires de la mer des Tritons et coulant du sud vers le nord. Les eaux profondes qu'on trouve sous les lits de l'Oued Mia et de l'Igarghar proviennent d'infiltrations dans la région du Tinghert au Ahoggar. C'est surtout, d'après la présence de certains sels et, principalement, des nitrates, dans ces eaux artésiennes, que M. Lahache établit leur origine. En outre la direction des soulèvements et l'inclinaison des couches vers le nord sur toute la bordure du Sahara, lui paraît un argument contre l'opinion que ces eaux puissent provenir de l'Aurès.

M. Lahache (567) a encore publié dans le même recueil (n° 20 du 15 mai 1897) une seconde note : *Sur quelques combustibles fossiles du département de Constantine.*

Après avoir rappelé les quelques recherches de combustibles fossiles exécutées en Algérie et leur insuccès constant, l'auteur donne quelques renseignements sur de nouvelles recherches qui ont été faites dans la craie supérieure de Rouached et de Fedj-Mezala et dans le terrain miocène de Sadrata, entre Guelma et Aïn-Beida. Il a pu analyser des échantillons de charbon de ces diverses provenances et il en conclut qu'ils dépassent, comme capacité calorifique les meilleurs lignites de France et que les gisements qui les ont fournis méritent d'être l'objet de sérieuses expériences.

La question de l'origine des eaux souterraines du Sahara, étudiée, comme nous venons de le dire par M. Lahache et qui avait déjà été traitée précédemment, très en détail, par M. Rolland, par M. Foureau, par M. Lippmann et d'autres explorateurs, vient encore de faire l'objet principal d'une note de M. Jules Bergeron (520). Cette note insérée dans les Mémoires de la Société des Ingénieurs civils de France (Bulletin de janvier 1897) a pour titre : *Résultats des voyages de M. Foureau au point de vue de la géologie et de l'hydrologie du Sahara algérien.*

Nous avons déjà dans l'Annuaire de 1895 fait connaître les principaux résultats des explorations de M. Foureau en ce qui concerne la géologie.

S'appuyant sur les renseignements très détaillés que lui a fournis cet explorateur et sur l'examen des échantillons de roches et de fossiles qu'il a offerts à la Sorbonne, M. Bergeron a groupé quelques faits importants au point de vue de l'origine des eaux artésiennes de l'Oued-Rir'.

D'après la composition du sol dans les massifs montagneux et d'après l'inclinaison des couches qui, sur la bordure méridionale du Sahara algérien, plongent du sud vers le nord ; d'après les observations de M. Foureau au point de vue du régime pluvial, du débit et de la direction des cours d'eau superficiels, etc., M. Bergeron conclut que tous les faits justifient pleinement l'hypothèse que les eaux artésiennes de l'Oued Rir' viennent du sud, comme M. Foureau lui-même en avait déjà émis l'idée.

Quelques considérations relatives à l'existence des eaux souterraines amènent, en outre, l'auteur à conclure que le tracé du chemin de fer transsaharien ne devrait pas remonter le haut Igharghar mais bien l'Oued-Mia ou l'Ighargar seulement jusqu'à Timassinin, pour gagner, par la vallée d'Isaouan, la région riche en eau du Tasili.

Un mémoire des plus importants, publié, en 1897, sur la géologie de l'Algérie, est celui que M. Brive (591) a présenté, comme thèse de doctorat, à la Faculté des Sciences de Lyon. Il a pour titre : *Les terrains tertiaires du bassin du Chélif et du Dahra*. L'auteur y fait connaître les résultats des longues études qu'il a entreprises sur ces régions pour le service de la carte géologique de l'Algérie.

Nous connaissons déjà en partie les principaux de ces résultats, M. Brive les ayant publiés dans diverses notes communiquées à la Société géologique et que nous avons analysées dans les Annuaires précédents. Toutefois le travail d'ensemble qui nous est présenté aujourd'hui, indépendamment des observations inédites et des nombreux détails qu'il fait connaître, permet d'apprécier beaucoup plus sûrement l'importance des résultats acquis.

Après un aperçu sur l'orographie, l'hydrologie, etc., de la région étudiée, M. Brive aborde la stratigraphie générale et la classification des formations géologiques qu'il y a observées. Ces formations, avec quelques terrains d'âge indécis, comprennent les terrains crétacés, à partir du Gault, le terrain éocène moyen, un étage oligocène douteux et enfin tous les terrains tertiaires, miocènes et pliocènes.

La description de ces derniers terrains est donnée successivement pour diverses localités de la région, avec de nombreuses coupes insérées dans le texte ou hors texte et des détails paléontologiques très circonstanciés.

A la suite de cette étude stratigraphique qui est la partie capitale du mémoire, l'auteur établit ses conclusions en ce qui concerne le classement des terrains néogènes et donne des renseignements sur chacun de ces terrains, sur leur extension, leur faune, leur situation stratigraphique, etc. Ces conclusions sont, réellement, un plaidoyer en faveur de la classification inaugurée par

M. Pomel et tendent à prouver par la stratigraphie et la paléontologie que les divisions établies par ce savant, d'après les discordances observées, correspondent parfaitement avec celles admises aujourd'hui par un grand nombre de géologues.

En résumé, il résulte des études de M. Brive que le Cartennien de M. Pomel est l'équivalent du Burdigalien de M. Depéret, ou premier étage méditerranéen ; que l'Helvétien de M. Pomel comprend l'Helvétien proprement dit des auteurs, plus l'étage tortonien et qu'il correspond au deuxième étage méditerranéen ou étage vindobonien ; qu'enfin l'étage sahélien du même savant est l'équivalent de l'étage pontique.

C'est, comme nous l'avons vu plus haut, la classification à laquelle s'est arrêté M. Depéret à la suite de la réunion de la Société géologique à Alger.

Le mémoire de M. Brive est complété par un important chapitre paléontologique dans lequel l'auteur décrit, étage par étage, les fossiles les plus communs qui caractérisent chacun d'eux et plus particulièrement ceux de l'étage sahélien de Carnot et de Beni-Rached.

Un certain nombre d'espèces nouvelles, principalement des *Pecten*, y sont décrites. Cinq planches in-4°, en lithographie, donnent de bonnes figures des formes les plus intéressantes.

Cette région du Dahra, étudiée, comme nous venons de le dire, par M. Brive, a encore été l'objet de recherches étendues de la part de M. Pallary (569, 570), qui, dans une série de notes, géologiques, géographiques, palethnologiques, etc., communiquées à l'Association française, en 1897, au congrès de Carthage, nous a fait connaître les résultats de ses recherches.

La série des couches tertiaires observées par M. Pallary est bien la même que celle signalée par M. Brive mais leur classification diffère sensiblement. M. Pallary, en effet, sépare de l'étage sahélien de M. Pomel, les marnes tortoniennes qui, dit-il, y sont englobées à tort. Le Sahélien, ainsi restreint, constitue un bon niveau qui se montre à Renault et dans d'autres localités. La base de l'étage est formée par des bancs d'andésite tufacée et sa partie supérieure par le système des marnes blanches à diatomées, poissons, etc., dont M. Welsch a fait l'étage oranien.

Au-dessus du Sahélien, M. Pallary place l'étage dahrien de M. Welsch, constitué surtout par les marnes bleues sableuses dites des Cinq-Palmiers très développées dans le Dahra, à

Mazouna, etc., et dont la faune, voisine de celle du Tortonien, a cependant un caractère plus récent.

Ces couches marneuses, qui atteignent 30 à 40 mètres de puissance, sont supérieures aux grands amas de gypse stratifié qui forment dans le Dahra des alignements si remarquables et ces gypses sont eux-mêmes supérieurs aux marnes blanches sahéliennes.

Le Plaisancien ne serait représenté que par des marnes bleuâtres qui, sur le littoral, à l'embouchure de l'Oued Kaddour, renferment une faune subapennine.

M. Pallary donne ensuite des renseignements sur les gisements de soufre et sur les sources bitumineuses nombreuses qui sont en corrélation constante avec les gypses du Dahra.

M. Pallary (571) a en outre communiqué à l'Association française, dans la séance du 3 avril 1896 de la huitième section, une *Etude sommaire sur la faune malacologique fossile du Nord de l'Afrique.* De cette étude, dont nous ne connaissons encore que les conclusions, il résulte : 1° que la faune des Hélicidées fossiles diffère peu des types actuels, ce qui permet d'admettre que les conditions d'existence sont restées les mêmes ; 2° que la faune aquatique,au contraire,diffère beaucoup; 3° enfin, que les types éteints, qui sont d'autant plus nombreux que l'étage est plus ancien, présentent de grandes affinités avec les formes sahariennes.

Enfin, nous avons encore à mentionner, en ce qui concerne les travaux de M. Pallary, que ce savant qui, en 1891 et 1893, avait déjà donné deux catalogues des stations préhistoriques observées dans le département d'Oran, en a présenté un troisième au congrès de l'Association française, à Carthage. Ce nouveau catalogue complète et rectifie les deux premiers.

Les adjonctions sont nombreuses et montrent combien depuis quelques années se sont multipliées les recherches et études préhistoriques en Algérie.

Au même congrès, le Dr Rivière, médecin major au Kef (Tunisie) a communiqué une note sur l'industrie préhistorique du silex en Tunisie (581). Dans une première série de recherches,il a reconnu quatre stations de la période paléolithique. Plus tard, il a constaté l'existence, auprès de Gabès, de silex analogues à ceux de Gafsa. Il y a là des types chelléens, mélangés à des racloirs moustiériens grossiers. Enfin,vers la source de l'Oued Gabès se trouvent deux ateliers néolithiques où les instruments sont remarquables par la finesse des retouches, la variété des formes, l'existence d'ornementations, etc. Ce gisement est à la surface du Quaternaire ancien.

Dans la même séance du congrès de l'Afas à Carthage, M. Ficheur a présenté les feuilles de Ménerville et de Palestro de la carte géologique détaillée au 1/50.000^e de l'Algérie (558). C'est le début de cette publication. L'auteur a exposé à grands traits la constitution générale de cette intéressante région qui est le résumé de la géologie du Djurjura.

M. Haug (564) qui a eu ces cartes sous les yeux, a, dans un article publié par la Revue générale des sciences, le 30 mai 1897, donné une appréciation très flatteuse sur leur aspect harmonieux. Le service de la carte géologique d'Algérie a adopté la gamme des couleurs employées sur la carte géologique détaillée de la France au 1/80.000^e. M. Haug eût préféré voir appliquer à cette carte nouvelle d'Algérie les teintes et surtout les notations de la Carte géologique de France au 1/320.000^e qui sont mieux en harmonie avec l'état actuel de la science.

M. Ficheur a fait encore, le même jour, une communication sur la constitution géologique du Djebel Gouraya de Bougie (557). Les calcaires du Lias moyen forment là un pli anticlinal déversé sur les marnes et calcaires du Cénomanien, lesquels surmontent les marnes du Sénonien.

Des déversements semblables s'observent en plusieurs points de la chaîne des Babors. Nous avons vu, d'ailleurs, que ces faits avaient été relatés depuis à l'occasion de l'excursion de la Société géologique aux environs de Bougie.

Enfin le même savant a fait, toujours au congrès de Carthage, une troisième communication. Il s'agit, cette fois, des *Formations oligocènes de l'Aurès et, en particulier, dans la région d'El Kantara.*

Dans la dépression de cette oasis on observe une formation continentale de cailloux roulés et de limons rouges qui sont discordants sur le Crétacé et sur l'Eocène et qui, au Djebel Kteuf, reposent sur les assises argilo-gypseuses.

Cette série qui est recouverte par le Cartennien présente une grande analogie avec la série oligocène du bassin de Constantine.

M. Blayac (524), à la séance du 2 avril 1896 du Congrès de Carthage, a présenté une note sur l'Eocène inférieur dans la région de l'Oued Zenati et d'Aïn-Regada, qui complète les résumés précédemment donnés par l'auteur sur cet étage dans le Nord de l'Algérie. Il résulte de ces nouvelles recherches que l'Eocène inférieur à Aïn-Regada, présente un faciès presque identique à celui de Tebessa. Les assises supérieures seules changent un peu et on n'y trouve pas de nummulites.

Ce fait est une nouvelle preuve que l'Eocène inférieur ne comporte que deux subdivisions.

M. Blayac a constaté l'existence à Aïn-Regada de bancs à phosphate de chaux mais ils sont très irréguliers et la teneur en acide phosphorique y est généralement très faible.

Dans la séance du 22 avril 1897 de la Société géologique, nous avons communiqué une note sur l'âge des couches d'El Goléa (574). La géologie des environs de cette oasis a été étudiée par M. G. Rolland qui, d'après les fossiles qu'il a recueillis et que nous avons nous-même contribué à déterminer, a classé dans l'étage cénomanien les falaises voisines de l'oasis. Cependant, la faune recueillie était loin d'être probante. La plupart des fossiles étaient d'une détermination incertaine et plusieurs espèces appartiennent à l'étage sénonien. Des doutes s'étaient donc manifestés sur l'âge réel de ces terrains. La communication qui nous a été faite par M. Joly d'une bonne série de fossiles recueillis dans la couche jaune supérieure de la falaise nous a permis d'y reconnaître une faune entièrement et exclusivement cénomanienne.

Le classement que M. Rolland a adopté est donc exact.

Dans la séance qui a suivi, c'est-à-dire le 26 avril, nous avons encore communiqué à la Société géologique une petite note au sujet d'une Ammonite curieuse du Crétacé supérieur de l'Algérie (575).

Cette Ammonite, recueillie par M. Prudhomme au Djebel Guelb, présente complètement les caractères extérieurs de *Stephanoceras coronatum* et nous avions, précédemment, signalé cette ressemblance qui nous avait conduit à admettre la possibilité de l'existence d'un îlot de Jurassique moyen au Djebel Guelb.

Cependant, cette assimilation de nos individus du Guelb avec *Stephanoceras coronatum* doit être abandonnée. Il résulte des renseignements fournis par M. Kossmat, de Vienne, que des individus absolument semblables aux nôtres, se trouvent dans le Turonien des Indes méridionales en compagnie des mêmes espèces.

M. Kossmat qui a été frappé comme nous de la ressemblance de ces individus avec *Stephanoceras coronatum* a cru devoir cependant, d'après leurs cloisons, les classer dans les *Olcostephanus* et a décrit l'espèce sous le nom d'*O. superstes*.

Nous pensons donc que c'est cette nouvelle espèce de l'Inde qui se retrouve en Algérie.

Nous avons encore publié, en 1896-1897, un mémoire, beaucoup plus important, sur les Ammonites du Crétacé supérieur de l'Algérie (573).

Ce travail, inséré dans les Mémoires de paléontologie de la Société géologique de France, comporte la description de toutes les espèces qui, à notre connaissance, ont été recueillies dans les étages turonien et sénonien des provinces d'Alger et de Constantine. Toutes les espèces nouvelles ou intéressantes ont été figurées en phototypie dans les dix-huit planches in-4°, qui accompagnent le volume. La majeure partie de ces espèces appartiennent à ce groupe qu'on a appelé les Cératites de la craie et qui est remarquable par ses cloisons à contours simples, à selles arrondies et à lobes denticulés.

Le classement stratigraphique de ces Ammonites cératitoïdes a donné lieu depuis quelques années à quelques divergences d'opinion. L'âge sénonien inférieur que nous leur avions précédemment attribué a été révoqué en doute et quelques savants, se basant sur l'analogie de forme de ces Ammonites avec certaines espèces du Turonien de France, avaient conclu à l'âge également turonien de nos Cératites de la Craie d'Algérie. Certains rapprochements et certaines déterminations que nous avions adoptés n'avaient pas été acceptés. Enfin, d'autre part, l'existence même d'un étage turonien, bien caractérisé par ses fossiles et bien différent des assises à Cératites, n'avait pas été démontrée.

Indépendamment donc des questions paléontologiques qui y sont traitées, notre mémoire comporte un chapitre où nous avons étudié la stratigraphie des terrains qui nous ont fourni les matériaux décrits et où nous nous sommes attaché à montrer qu'il existait en Algérie deux horizons ammonitifères bien distincts, l'horizon turonien où aucune Ammonite réellement cératitiforme n'a été rencontrée, et l'horizon santonien où sont cantonnées ces ammonites et où elles se trouvent avec bon nombre d'espèces bien connues de l'étage santonien, comme *Mortoniceras texanum*, *Mortoniceras Bourgeoisi*, *Placenticeras syrtale*, etc.

En ce qui concerne la partie paléontologique, nous avons montré que le genre *Tissotia* que M. Douvillé a institué pour le groupe des Cératites de la craie, avait été trop étendu. On y a fait entrer, à tort, des espèces qui présentent, à la vérité, la forme carénée et l'ornementation des vrais *Tissotia*, mais qui possèdent des cloisons entièrement digitées et non cératitiformes. Nous avons proposé pour ce groupe d'espèces, le genre ***Pseudotissotia***. Il paraît jusqu'ici propre au Turonien.

Nous avons encore détaché des *Tissotia* diverses ammonites dont les cloisons présentent des caractères distinctifs particuliers.

Ainsi, nous avons proposé le genre *Hemitissotia*, pour des espèces qui ont la moitié de la cloison digitée sur tout son contour, tandis que l'autre moitié revêt complètement le type cératitoïde, c'est-à-dire qu'elle a les selles rondes et les lobes denticulés. Le genre *Plesiotissotia* a toutes les selles régulièrement bilobées et la première selle très différente des autres.

Enfin le genre *Heterotissotia* a été créé pour une forme aberrante qui, avec les cloisons des *Tissotia*, présente cette particularité d'avoir la région externe plane et non carénée comme elle l'est dans les *Tissotia*.

Nous ajouterons qu'en dehors du groupe des Ammonites cératitoïdes, nous avons fait connaître plusieurs espèces nouvelles : *Placenticeras*, *Peroniceras*, etc., toutes connues dans la craie supérieure de la France. Nous mentionnerons enfin la présence en Algérie d'un type fort remarquable de la craie de l'Inde, l'*Ammonites Telinga* Stoliczka pour lequel M. Kossmat a institué le genre *Neoptichytes*.

A propos d'une communication faite précédemment par M. Choffat qui, contrairement à la classification qu'il avait d'abord adoptée, considère actuellement les couches à *Sauvagesia Sharpei* du Portugal comme turoniennes, M. Welsch (586) dans une note présentée, le 14 juin 1897, à la Société géologique, rappelle que, depuis longtemps, il a lui-même placé dans le Turonien cette espèce qu'il a recueillie dans les environs de Tiaret. Il considère ce fait comme important, car il vient à l'encontre de la discordance générale que plusieurs géologues algériens ont cru observer entre le Sénonien et le Cénomanien.

Des assises, également turoniennes pour M. Welsch, ont été placées dans le Santonien, comme les couches à *Cerithium pustuliferum*, et M. Welsch pense, en résumé, que la plupart des fossiles dits santoniens en Algérie appartiennent en réalité au Turonien.

Nous avons déjà, d'autre part, discuté cette manière de voir de notre savant confrère qui nous paraît trop exclusive. Nous reconnaissons que les limites du Turonien et des étages voisins sont encore bien indécises, mais l'argument nouveau produit aujourd'hui ne semble pas suffisant pour modifier notre ancienne opinion.

M. Blayac (589) dans une note communiquée à la Société géologique le 28 juin 1897, nous a fait connaître la constitution du dôme du Sidi-Rgheiss, dans la province de Constantine. Cette montagne, de 1628 m. d'altitude, est composée à sa base de grès jaunes, probablement néocomiens, que surmontent en discordance des marnes fissiles à *Ostrea aquila*, épaisses de 150 m., puis des calcaires récifaux à Orbitolines qui atteignent 250 à 300 m. de puissance. Ces calcaires, riches en rudistes, ont donné vers leur milieu, *Toucasia santanderensis*, *Polyconites Verneuilli*, etc. Vers le N. E., ils supportent des assises avec *Acanthoceras mamillare* et autres espèces du Gault et ces assises sont elles-mêmes surmontées par des calcaires marneux cénomaniens à *Turrilites costatus* et *Acanthoceras Mantelli*.

Dans la même séance de la Société géologique, M. Gentil (562) a présenté une note sur les roches de quelques gisements ophitiques de l'Algérie.

Cette note complète celles que l'auteur a déjà présentées sur les pointements gypseux qu'il a étudiés dans les provinces d'Algerie d'Oran.

Indépendamment de la roche ophitique qui apparaît en dykes ou en filons dans ces gîtes minéraux, on trouve des roches diverses en blocs anguleux disséminés dans la masse gypseuse.

M. Gentil y a reconnu des roches d'ophite, de l'amphibolite, une granulite à grenat ou leptynite, une roche micaschisteuse à grenat et sillimanite, une roche à diallage et grenat, une roche granulitique écrasée, véritable protogine, une roche à albite avec pâte pétrosiliceuse, une minette à mica noir, une serpentine du type de l'antigorite, un gneiss granulitisé, une granulite à tourmaline.

Le même savant (593) a publié dans le Bulletin du Muséum d'histoire naturelle (n° 7, p. 337, 1897) une note sur le gisement de zéolites de Dellys (Alger).

Les environs de cette ville montrent un beau développement de roches volcaniques que M. Curie a déjà étudiées. La construction du chemin de fer de Dellys à Boghni a fourni l'occasion à M. Gentil d'explorer ce gisement dans de bonnes conditions et d'y recueillir des échantillons variés et de magnifiques zéolites.

Le gisement de ces zéolites s'étend à toute la masse volcanique qui est constituée, comme l'a montré M. Curie, par une labradorite compacte et une labradorite à pyroxène vert.

Les diverses espèces de zéolites recueillies par M. Gentil sont l'analcime, la stilbite, la thomsonite, la mésolite, la laumontite, la heulandite, la chabasie, l'apophyllite et peut-être la mésotype.

L'auteur a donné une description succincte de chacun de ces minéraux et fait ressortir l'abondance relative de la stilbite, ce qui rapproche le gisement de Dellys du gisement célèbre des îles Feroë.

Un autre gisement, situé non loin de celui de Dellys, au cap Djinet, mais d'un âge plus récent, se distingue de celui-ci par la prédominance de la mésotype et de l'apophyllite. Ces deux massifs volcaniques, malgré leur proximité et l'analogie de leur composition minéralogique, sont donc complètement indépendants l'un de l'autre.

Enfin M. Gentil (563) nous a donné encore, au Congrès de l'Afas à Carthage, une note sur les minéraux du cratère ancien d'Aïn-Temouchent (Oran).

Ce cratère, déjà signalé comme tel par l'ingénieur Ville, constitue une dépression circulaire située au lieu dit Dayat Ben-Ganah, et se rattache à la région volcanique d'Aïn-Temouchent et Aïn-Tolba où MM. Curie et Flamand ont observé un basalte à amphigène.

M. Gentil qui a entrepris l'étude détaillée de cette région volcanique, a étendu à tout le massif la nature leucitique des laves qui sont des leucothéphrites à olivine.

Il a acquis la certitude de l'origine cratérienne de la cavité en question et y a recueilli de nombreux minéraux parmi lesquels il a reconnu les suivants dont il donne la description : Orthose, Augite, Hornblende, Olivine, Sphène et Spinelle.

M. Dugast, directeur de la station agronomique d'Alger (533), a publié, dans le nº 16 (15 octobre 1897) de la Revue générale des sciences pures et appliquées, un important article sur les phosphates d'Algérie.

Dans cet article, illustré de nombreuses figures, l'auteur insiste surtout sur l'importance de la production et de l'exportation, sur les moyens de transport, la transformation, le prix de revient, etc.

C'est donc un mémoire qui intéresse principalement l'industrie et l'agronomie. Nous devons cependant mentionner un chapitre où il est traité de l'origine et de la nature des gisements de phosphates en Algérie et qui par suite se rattache à la géologie. C'est d'ailleurs simplement un historique et un exposé des connaissances actuelles en ce qui concerne la question des phosphates. Il y est parlé non seulement des gisements existants dans les terrains sédimentaires, mais des amas de guano qu'on trouve dans les grottes du littoral et de la région montagneuse du Tell et sur lesquels nous avions peu de renseignements.

Un autre mémoire, concernant encore les gisements de phosphate de chaux dans les provinces de Constantine et d'Alger, a été également publié, en 1897, par M. l'ingénieur Chateau (529) dans les Mémoires de la Société des Ingénieurs civils.

C'est le travail le plus considérable qui ait été jusqu'ici publié sur cette importante question. Il ne comporte pas moins de 120 pages de texte et deux grandes planches de coupes et de cartes, partielles ou générales, des gisements de phosphate algériens.

Après avoir rappelé l'historique de la découverte de ces gisements et rendu à M. Philippe Thomas le juste tribut de la reconnaissance publique, M. Chateau examine la constitution géologique des régions à phosphate, la nature des phosphates et les théories sur leur formation; puis il décrit en détail et à tous les points de vue, les nombreux gisements actuellement connus dans les deux provinces d'Alger et de Constantine et dont un bon nombre ont été pour la première fois signalés par l'auteur.

Cette partie fort importante du mémoire de M. Chateau abonde en renseignements précieux de toute nature et ceux concernant la géologie y occupent toujours une large place.

Il n'est pas possible de suivre ici l'auteur dans les développements qu'il donne sur tous ces gisements. C'est un résumé très complet des observations et des recherches de tous les explorateurs qui se sont, en Algérie, occupés de ces questions et M. Chateau y joint les siennes dans plusieurs régions étendues et peu explorées sous ce rapport, comme les montagnes au sud de Bordj-bou-Areridj, les environs de Tocqueville, de Sétif, etc.

Une série de chapitres sur l'exploitation des phosphates et leur marché dans le monde, sur l'avenir de cette industrie, sur la législation qui la concerne, etc., fait suite aux descriptions des gisements et, enfin, des annexes de diverses sortes, tableaux, statistiques, projets de loi, etc., complètent le volume et en forment une véritable encyclopédie concernant la question des phosphates algériens.

L'étude que M. Cayeux a publiée récemment sur la composition microscopique des phosphates de chaux de l'Algérie, étude dont nous avons rendu compte dans l'Annuaire de 1896, a suscité de la part de M. Tempère (584) une note à l'Académie des Sciences (séance du 15 février 1897) : *Sur les diatomées contenues dans les phosphates de chaux suessoniens du sud de la Tunisie.* Les matériaux étudiés ont été fournis à M. Tempère par M. Cayeux lui-même qui en avait fait la préparation. Parmi les genres reconnus, M. Tempère cite les suivants : *Chœtoceras*. *Coscinodiscus*, *Hemiaulus*, *Melosira*, *Podosira*, *Pyxilla*, *Rhyzosolenia*, *Stephanopyxis*, *Triceratium*. Plusieurs exemplaires ont pu être déterminés spécifiquement.

Ces déterminations permettent de supposer que les dépôts phosphatés de Tunisie ont de l'analogie avec ceux des Barbades.

M. Pomel (576) qui a continué en 1897, la publication de ses recherches sur les Mammifères quaternaires fossiles algériens, a fait paraître cette année la monographie des carnassiers et celle des suiliens. Il a présenté à l'Académie des Sciences, séances des 26 avril et 21 juin 1897, un résumé de ses recherches.

En ce qui concerne les carnassiers, les documents sont beaucoup moins riches que pour les monographies précédentes. Parmi les espèces reconnues, M. Pomel cite *Ursus lybicus*, *Hyæna spelæa*, *Felis spelæa*, *Felis antiqua*, *Herpestes* sp., *Canis aureus*, *Canis familiaris*.

En ce qui concerne les Porcins, M. Pomel a rencontré des représentants des deux genres *Sus* et *Phacocherus*. Les cavernes des environs d'Alger lui ont fourni des débris de deux espèces de *Sus*, le *S. algericus* et le *S. barbarus*.

Les Phacocères qui, actuellement, sont cantonnés exclusivement dans la région intertropicale du continent africain, ont été représentés aux temps quaternaires dans le nord de la Libye par deux espèces, *Phacocherus mauritanicus* et *P. barbarus*.

Le Mans. — Typ. Ed. Monnoyer.

www.ingramcontent.com/pod-product-compliance
Lightning Source LLC
LaVergne TN
LVHW020312230826
846091LV00006B/2641
9782329653266